Gebhard Deißler

Im Westen nichts Neues, im Osten nichts Gutes

Der Verlust des menschlichen Anlitzes der Gesellschaft

GRIN Verlag

Bibliografische Information der Deutschen Nationalbibliothek:

Die Deutsche Bibliothek verzeichnet diese Publikation in der Deutschen National-
bibliografie; detaillierte bibliografische Daten sind im Internet über http://dnb.d-
nb.de/ abrufbar.

Impressum:

Copyright © 2013 GRIN Verlag GmbH
Druck und Bindung: Books on Demand GmbH, Norderstedt Germany
ISBN: 978-3-656-56701-1

Dieses Buch bei GRIN:

http://www.grin.com/de/e-book/211985/im-westen-nichts-neues-im-osten-nichts-
gutes

Transcultural Management

Gebhard Deißler D.E.A./UNIV. PARIS I

IM WESTEN NICHTS NEUES, IM OSTEN NICHTS GUTES

DER VERLUST DES MENSCHLICHEN ANTLITZES DER GESELLSCHAFT

CULTURE   RESEARCH

KULTUR FORSCHUNG

RECHERCHE CULTURE

BÚSQUEDA CULTURAL

RICERCA   CULTURALE

跨文化的智慧精髓

Итранскультурная

Interkulturelles - u. Transkulturelles Management (German)

Intercultural &Transcultural Management (English)

Gestion Interculturelle et Gestion Transculturelle (French)

Gerencia Intercultural y Gerencia Transcultural (Spanish)

Gerência Intercultural e Gerência Transcultural (Portuguese)

跨文化的智慧精髓 - kua wen hua de zhi hui jing sui (Chinese)

транскультурная компетенция - transkulturnaja kompetencija (Russian)

toransukaruchā　・ manējimento (Japanese)
トランスカルチャー　・　マネジメント

Vishua Chaytana (Sanskrit)

Inhalt

1

Im Westen nichts Neues, im Osten nichts Gutes.
Der Verlust des menschlichen Gesichtes der Gesellschaft

Im Westen nichts Neues, im Osten nichts Gutes. Also „business as usual" im Westen und Emergenz zweifelhafter Kräfte im Osten. Der Westen hat es bislang nicht vermocht, seine Systeme in sozialverträglicher, menschengerechter Weise umzustrukturieren. Ein stets zunehmender Teil der Bevölkerung in vielen Ländern verarmt. Die ungleiche Vermögensverteilung ist in Deutschland besonders krass. Alle Regierungen, gleich welcher Couleur, tendieren dazu, mit dem vermeintlich Stärkeren zu sympathisieren. Über die Besteuerung und andere Mechanismen führt dies zu einer zunehmenden Vermögensdiskrepanz zwischen Armen und Reichen, ein Phänomen, das als Öffnung der sozialen Schere bekannt ist.

Im ferneren Osten, wo nunmehr das Gros der Weltbevölkerung lebt, löst man die Probleme seit Menschengedenken mit den harten Bandagen des Zentralismus, des

Autoritarismus und der nicht zu hinterfragenden Unterordnung in allen Bereichen des Lebens. Doch diese Modelle des soziopolitischen Menschen sind hier nicht oder nicht mehr verwert- und verwendbar. Die Religionen und Ismen jener Breiten lösen dadurch irreversibel und unumstößlich unter dem Damoklesschwert extremer Folgen bei Zuwiderhandlung das Gender Problem, sowie auch das Problem des Verhältnisses zwischen den maßgeblichen strategischen Akteuren und den weniger maßgeblichen. Ein über Jahrtausende eingeübtes Kasten-, konfuzianisches oder islamistisches System, verquickt mit archaischem Recht, halten den Menschen in einem nichthinterfragbaren Werte- und Verhaltenskorsett und viabilisieren auf diese Weise eine auf einem entsprechenden Niveau funktionsfähigen Gesellschaft.

Werden autoritäre Impulse und andere Inputs von dort hierher übertragen, so können sie ebensowenig, wie extrem liberalistische, demokratische Impulse aus dem Westen sinnvoll identitätsstiftend integriert werden. Die kulturellen Präferenzen sind nicht einfach übertragbar und keinem Volk bleibt es daher erspart, seine eigene Kultur und Identität zu entwickeln. Was passiert aber, wenn ein Volk in diesem Bereich seine Hausaufgaben nicht macht?

Der Säkularisierungstrend, der in einem neoliberalen Umfeld keine ethische Verankerung und letzte Rechenschaftspflichtigkeit mehr kennt, verstärkt diesen Trend. Wir steuern auf lateinamerikanische Verhältnisse zu, in denen einige wenige alles und das Gros der Bevölkerung nichts mehr haben. Das erzeugt, à la longue, zwangsläufig einen Nährboden für Terrorismus, Faschismus und sogar Kommunismus.

Die Traditionen aller drei Richtungen sind in Deutschland vorhanden; letztere durch den wiederintegrierten Osten und die zahllosen Migranten und Spätaussiedler aus dem ehemaligen Reich des Bösen. Der faschistisch, autoritäre Trend des menschenfeindlichen Nazismus wirkt immer noch in Deutschland nach. Die fundamentale Umerziehung der Deutschen ist bislang oberflächliche Kosmetik ohne reale Substanz geblieben. Und die Gegenkulturrevolution mit ihrer Eskalation in den Terrorismus hätte ja beinahe den Staat bereits aus den Angeln gehoben. Alle drei Tendenzen sind Formen des politischen Fundamentalismus, der schlechthin auf das Konto eines unentwickelten demokratischen Bewusstseins und demokratischer Traditionen geht. Nimmt man dann noch den importierten islamischen Fundamentalismus hinzu, dann kann man, ohne ein Menetekel und eine sich selbst erfüllende Prophezeiung in die Welt setzen zu wollen, durchaus von einer Bedrohung der Demokratie sprechen. Und dies in dem Maße, wie die sozioökonomische Lage außer Kontrolle gerät und der Liberalisierungs- und Relativierungstrend der Säkularisierung zunimmt. Es wird unter Umständen so weit kommen, dass Deutschland wieder, vielleicht weniger einen ökonomischen, aber einen politischen Marshallplan und Hilfe durch die Demokratien der Alliierten und heute der Westlichen Allianz bedarf, weil es seine demokratischen Defizite nicht allein bewältigen kann.

Der Kern des Problems besteht darin, dass dieses Land durch geschichtliche, kulturell-religiöse Verwicklungen in einem Labyrinth der Regression gefangen ist, aus dem es sich nicht befreien kann. In diesem Labyrinth des menschlichen Geistes hat sich die Unmenschlichkeit in diversen Formen derart verfestigt, dass das Leben hierzulande Land häufig als unerträglich erfahren wird. Und dieser Zustand führt dann zwangsläufig zu den extremistisch-fundamentalistischen Optionen der Bürger angesichts der nicht vorhandenen Perspektive eines Lichtes am Ende des dunklen Tunnels, in dem dieses Land nach wie vor, trotz allen oberflächlichen Glanzes, gefangen sind.

Mit dem Verlust der wahren Humanität ist der Mensch verloren. Das gesellschaftliche Gesetz der Macht und Unmoral, der blanken Gier allein ist das Motiv des inhumanen Verhalten, weil der inhumane Zustand keinerlei sittliche Werte mehr kennt und die Gesellschaft mehr und mehr zu einem anarchischen Dschungel verkommt, in dem nur noch das unmenschliche Prinzip des Homo Hominid Lupus regiert.

Der Staat, die Gesellschaft, die Kirche und quasi alle Institutionen vermögen dem Trend nichts Substanzielles entgegenzusetzen. Der innere Mensch hat keine Identität, Kultur oder humane Werte erworben, warum auch immer. Auf jeden Fall prägen diese Faktoren nicht das gesellschaftliche menschliche Verhalten, sodass eine Art grundlegende Regression in vorzivilisierte Phasen der Menschwerdung und Vermenschlichung des Wesens Mensch latent vorhanden ist. Die Entindividuation und die damit einhergehende kollektive Dimension dieses Sachverhaltes bewirken, dass der Prozess sich relativ zeitgleich in der Gesellschaft repliziert und die ganze Bevölkerung dadurch erfasst wird. Und weder politische noch religiöse „Führer" können den Trend aufhalten und steuern. Wenn ein mächtiger „Führer" oder Apparat auftrifft, kann er dann, ähnlich wie Hitler, die fundamentalistischen, kollektivistischen Tendenzen für seine jeweiligen Agenden usurpieren. Weil, warum auch immer, keine konsolidierte Identität entwickelt werden konnte und somit ein unerfülltes geistiges Vakuum entstanden ist, pervertiert dies die liberalistischen Impulse aus dem Westen ebenso, wie die kollektivistischen Impulse aus dem Osten in einen identitätslosen Amalgam und geborgter Identität, die als Identitätsverwirrung zu regressiven und fundamentalistischen Reaktionen führt.

Entmenschlichung und Verweltlichung haben den Menschen also in der Zange, die sich wie eine um seinen Hals gelegte geistige Schlinge zuzieht und den normalen menschlichen und sozialen Atem entzieht und normales, menschliches Verhalten schwinden lässt. Dies endet irgendwann in einem Befreiungsschlag, da der Mensch somit quasi existenziell bedroht ist. Vermenschlichung und Entweltlichung, das heißt, Humanisierung und positive Spiritualisierung vermögen seinen Zustand lebensfördernd zu beheben. Solange die durch diese beiden Formen der Humanität bedingte wahre menschliche Identität, unabhängig von intrakulturellen Zugehörigkeiten nicht entwickelt werden kann, neigt er zu Regression als Kurzschließung des Humanisierungsprozesses.

Der Schlüssel ist die Identität. Doch wie kommt man zu einer Identität im Kontext der Verweltlichung und Entmenschlichung des Wesens und der Gesellschaft. Hybris, Anmaßung und Gier versperren den Weg einer identitätsstiftenden Revolution der Humanität. Einem solchen Menschen und Volk kann nur von außen geholfen werden, da es sich nicht mehr aus seinem geistigen Kerker befreien kann. Die Erlösung durch die Heilsbotschaft des Evangeliums selbst wird fundamentalistisch interpretiert, sodass selbst dieser Versuch der Beseitigung der Kerkermauern diese noch unüberwindbarer macht statt sie zu sprengen. Das heißt, dass die eigentlich normale Lösung des Problems selbst derart problematisiert wird, dass sie nicht mehr ihr Heil bewirken kann. Vor der Ausweglosigkeit der Situation kapituliert der Mensch. Dies führt wiederum zu einer Indifferenz und geistigen fundamentalen Apathie und Resignation, die wiederum den Humus für diverse Fluchtmechanismen in diverse Ismen fördern.

Der Verlust der Identität und ihre Circuli Vitiosi führen sogar zu einer Zerrüttung des menschlichen Fundaments, der fundamentalen Identität der Wesen in ihrer Eigenschaft als Mann und Frau. Geschlechterkampf ersetzt die normale Interaktion zwischen den Menschen biologisch und geistig männlicher und weiblicher Natur. Dies schürt die Anarchie und Entmenschlichung bis zum Siedepunkt, weil die Gier vergeblich versucht, das Identitätsvakuum zu füllen, indem sie die dadurch bedingten Defizite durch die intimsten Attribute des Mitmenschen zu kompensieren sucht, was letztere wiederum in Mitleidenschaft im wahrsten Sinne des Wortes zieht und somit einen Zirkulus Vitiosus des Kampfes um eine nicht vorhandene geistige, kulturelle und menschliche Identität anheizt, der sich in permanentem sozialen Stress manifestiert, da das Vertrauen in den Mitmenschen selbst missbraucht wird.

Der menschliche Dschungel saldiert sich als eine Form des heidnisch regressiven biologischen Kannibalismus im weitesten Sinne, dessen Priorität nicht sittliche und kulturelle Werte, sondern ganz im Gegenteil, der Versuch des Identitätsdiebstahls und jenes der geistig-körperlichen Attribute der Mitmenschen ist. Was geschieht in einer Gesellschaft, die sich derart außerhalb der natürlichen, zivilisierten menschlichen Margen situiert? Sie gleitet immer weiter in Formen der Regression ab und endet in einem irreversiblen sozialen Chaos der Verwirrung, Verirrung und Enthumanisierung und einem ausweglosen Labyrinth der Unmenschlichkeit.

Dies muss – und es ist nur eine Frage der Zeit, falls dieser Enthumanisierungstrend sich fortsetzen sollte - zu einer autoritären Reaktion von außen oder innen führen, damit die Gesellschaft nicht einem Zustand der geistigen mit anschließender materieller Zerrüttung anheimfällt.

Hier kann nur noch Gott helfen, doch selbst der wird, soweit man ihn nicht vergessen und verbannt hat, auch problematisiert, von Gruppen entsprechend ihrem bedingten Fassungsvermögen anderen aufoktroyiert, sodass er als alles umfassendes Panaceum nicht greifen und heilbringend und erlösend wirken kann, denn auch dies erfordet ja eine gutwillige Kooperation. Und solange diese verweigert wird, fallen alle Selbsterlösungs- und Gruppenidentifikationen mit der erhofften erlösenden Stärkung im sozialen Machtkampf, dem Zeitlichen anheim. Braucht eine derartige Gesellschaft Züchtigung oder Hilfe oder beides, um ihren Weg der Entmenschlichung durch eine identitätsstiftende Humanisierung auf den Weg der Wahrheit und des Lebens zurückzuführen?

Die das physische Leben bedingende metaphysische Heilsoption ist selbst Gegenstand der Verwirrung durch progressive und konservative Fraktionen und durch intrakonfessionelle und interkonfessionelle Verwerfungen um eigener Verabsolutisierungsbedürfnisse willen geworden, die die Integrität des Mitmenschen ausschließen und somit, entgegen dem inhärenten, integrativen Potential der transzendenten-immanenten Heilsdimension, ihrerseits jene Konflikte verursacht, zu deren Lösung sie eigentlich in besonderem Maße berufen ist.

2

Macht versus Demokratie

Obstina initiis!

(Lateinischer Spruch)

Wehret den Anfängen!

(Deutsche Übersetzung)

Kaum ein Land der Welt hat für sein Ringen und seinen vielfältigen innen- und außenpolitischen Kampf um und für seine demokratische Identität einen höheren Preis bezahlt als Deutschland. Die damit verbunden Werte sind Einigkeit und Recht und Freiheit, die unsere Nationalhymne als des deutschen Glückes Unterpfand besingt. Deshalb werden die Deutschen sich dieses kostbare Gut unter keinen Umständen aus dem Händen nehmen und entreißen lassen. Sie werden sich bewehren, um es als ihren geschichtlicher Juwel zu schützen, selbst wenn und gerade weil er noch nicht zu vollendetem Glanz geschliffen, makellos erstrahlt. Doch manche Kräfte würden diesen Kronjuwel gerne an sich reißen und korrumpieren.

Die innenpolitischen Sachverhalte sollen hier schwerpunktmäßig betrachtet werden, denn die außenpolitischen sind im wesentlichen eine internationale Manifestation derselben.

Betrachtet man die gegenwärtige Lage der Welt, so stellt man fest, dass es prinzipiell zwei Tendenzen für die Regulierung sozialer Beziehungen gibt, nämliche autoritäre und demokratische. Dieser Dichotomie entsprechen Entwicklungsphasen in der Zeit und im Bewusstsein von archaischen hin zu modernen Gesellschaften. Dieses Dilemma ist sowohl zeitlicher, räumlicher, als auch individual und kollektiv psychologischer Natur. Jeder individuelle und kollektive gesellschaftliche Akteur muss dieses Dilemma stets lösen. Und die Art, wie er es löst, macht ihn, gleich wo er sich befindet, zu einem alten, von Machtmotiven gesteuerten Menschen, der den demokratischen Pol des Machtpols negiert oder aber zu einem sozial weiterentwickelten Menschen, der den komplementären demokratischen Pol in sein Verhalten miteinbeziehen kann. Der alte Mensch ist ein Einprinzip Wesen, das alles dem Machtprinzip opfert. Es kennt nur seine Interessen, von denen sein ganzes Bewusstsein erfüllt ist und kann keine weiteren inneren Räume erschließen und sozial nutzen, um die Interessen der Mitmenschen darin zu beherbergen und zu berücksichtigen.

Jedes Individuum und jede Gesellschaft befindet sich in seiner Entwicklung irgendwo auf dem Macht–Demokratie Kontinuum und muss stets dieses sozialpsychologische Dilemma integrieren. Wird es eindimensional in einem Nullsummenspiel, zugunsten des Machtprinzips, interpretiert und gelöst, so befinden wir uns in Gegenwart des gesellschaftssteuernden Machtprinzips, wird es integriert, so befindet man sich in Gegenwart eines sozialpsychologischen Nicht-Nullsummenspiels, in dem das demokratische Prinzip, das über die Eindimensionalität des Bewusstseins hinausgeht, zum Zuge kommt. Wird es eindimensional zugunsten des Demokratieprinzips interpretiert, so zeugt dies jedoch nur von einer sozialpsychologischen Höherentwicklung, wenn das Demokratieverständnis keine mechanische Gleichmacherei aller, ohne Rücksicht auf partikularistische Erfordernisse ist. Schließlich ist der Mensch, nicht zuletzt aufgrund seiner singulären Ebenbildlichkeit mit seinem Schöpfer und seiner beobachtbaren biologischen Variabilität, kein substituierbares statistisches Durchschnittswesen.

Das universalistische Demokratieprinzip muss also seinerseits, ohne persönlichen Machtagenden zu folgen, noch den für dieses komplementären Pol des legitimen Partikularismus integrieren. Erst dann entsteht eine reifere Form des Demokratieverständnisses.

Betrachtet man die kulturelle Landkarte der Welt unter dem Blickwinkel der interkulturellen Forschung, so stellt man fest, dass es Kulturen gibt, die im Hinblick auf diese fundamentale Dilemmalösung weiter fortgeschritten sind als andere. Die Gesellschaften mit niedrigerer Machtdistanz gehören dazu, während jene am entgegengesetzten Pol des Machtdistanzkontinuums noch in archaischeren mentalen Strukturen, Einstellungen, Verhaltensweisen und Prozessen zu verharren scheinen. Der gegenwärtige arabische Frühling, beispielsweise, kann als der kulturhistorisch, politische Versuch gewertet werden, dieses Dilemma zu integrieren.

In Deutschland ist man davon ausgegangen, dass der Faschismus mit seinen Folgen und insbesondere die Antwort darauf seitens der weiterentwickelten demokratischen internationalen Gemeinschaft, ein Zäsur zwischen diesen beiden individuell, wie sozialpsychologischen Modi darstellen würde. Formal ist dies durchaus gelungen. Man hat eine Verfassung auf die Beine gestellt, die die Demokratie von ihrer edelsten Seite zur Geltung bringt. Doch es ist nicht gelungen diese demokratische Verbalhülse mit Substanz zu erfüllen und man tut sich immer noch schwer dabei. Die Diskrepanz zwischen den Worten und der realen menschlichen Psyche kann meilenweit auseinanderklaffen, denn der formale Anspruch des sozialpsychologischen Sonntagsgesichts einer Nation muss auch im Ernstfall einlösbar sein, um kein Etikettenschwindel in den Augen einer diese Prozesse angesichts der deutschen Geschichte zurecht argwöhnisch beobachtenden internationalen Gesellschaft zu sein, die historisch unter der Nichtintegration des Macht-Demokratie Kontinuums in den internationalen Beziehungen Deutschlands gelitten hat.

Doch dies ist nicht das traurige Monopol dieses Landes, denn alle Nationen haben dieses Dilemma erst angesichts unumgänglicher Zwänge integrieren gelernt, das heißt, wenn ein konkurrierender Machtanspruch, wie beispielsweise im Zuge der Dekolonisierung, sie zu einem progressiven Übergang von Nicht-Nullsummenspielen in der Gestalt des eindimensionalen Machtprinzips zu einem mehrdimensionalen demokratischeren Prinzip veranlasst hat.

Die nationalkulturelle Geschichte kann also als ein Kampf um die Integration des Dilemmas Macht versus Demokratie betrachtet werden. Eine Gesellschaft mag bezüglich der Lösung zwar eine generell vorherrschende Tendenz für die Integration dieses Dilemmas entwickelt haben. Dann könnte man von einer stereotypen Lösungstendenz sprechen. Faktisch scheint es aber eher so zu sein, dass man - da es sich um eine kulturelle Prädisposition handelt - von Prototypen, das heißt, verschiedenen Graden der Ausprägung des vermeintlichen Stereotyps hinsichtlich der Lösung des Dilemmas innerhalb derselben Gesellschaft ausgehen kann.

Betrachtet man die kürzlich inszenierte sozialpsychologische "Lynchung" eines amtierenden Bundespräsidenten, so hat dies zwar den Anschein, das demokratische Prinzip par excellence der bedingungslosen Gleichheit aller, unabhängig von Person und Stand, zu verkörpern, doch hier wurde das demokratische Prinzip eher als Freibrief für pseudodemokratische Machtagenden missbraucht, während man sich implizit auf ein idealistisches Demokratieverständnis in Reinstform berief und sein barbarisches Jagdgebaren dadurch zu legitimieren suchte. Dieses barbarische Jagdgebaren auf den Gegner positioniert die demokratische Bewusstseinsevolution auf der sozialpsychologischen Entwicklungsskala. Es erinnert an den idealistischen Absolutismus des Faschismus ebenso, wie den der Gegenkulturrevolution, denen faktisch die physisch-soziale „Lynchjustiz" zugrundeliegt. Sie sind Vertreter des extremen Machtpols der Beseitigung des Gegners mit Formen der Gewalt.

Betrachtet man die autoritäre Lösung von gesellschaftlichen Problemen, wie z. B. Stuttgart 21, so kann man auch hier von einem missbräuchlichen Einprinzip

Machtlösung sprechen. Erst nachdem die Einprinzip Lösung einen hohen materiellen und sozialpsychologischen Preis gefordert hatte, war man bereit, das Dilemma allmählich besser zu integrieren. Der makrohistorische Integrationsprozess von Dilemmata wird in konkreten Fallbeispielen und konkreten Individuen und sozialen Gruppen geübt. Manche Gruppen und Individuen sind wandlungsresistenter, weil sie ihre Privilegien bewahren möchten oder weil demokratischere Prinzipien durch die Erfordernis der Einbeziehung mehrerer Akteure Dinge zu komplizieren scheinen. Und dieser geistige Aufwand widerstrebt dem Einprinzipimperialisten. Doch die kurzfristig leichter erscheinende Lösung wird in der Regel längerfristig lügengestraft. In der Geschichte der sozialen Umwälzungen ist nämlich erkennbar, das sich die autoritären Gesellschaften – siehe arabischer Frühling – durch Umsturz, die demokratischeren aber durch demokratischen Wandel auszeichnen.

Die gelungene Integration des Dilemmas nacht dagegen wenig von sich reden, weil sie stillschweigend vonstattengeht.

Die Integration des Dilemmas formalrechtlicher demokratischer Ansprüche und kultureller Prädispositionen wird im folgenden Aufsatz thematisiert. Der rote Faden der national und gesellschaftskulturellen Tendenz, das soziale Grunddilemma Macht versus Demokratie vermittels des Einprinzip Imperialismus der Macht zu lösen, zieht sich vom deutschen innen- und außenpolitischen Faschismus über die Gegenkulturrevolution und den Terrorismus – seitens aller gesellschaftlichen Akteure, denn dieser verkörpert dieselbe soziokulturelle Symptomatik von der anderen Seite - bis hin zu den gegenwärtigen Formen der einseitigen Dilemmalösung, wie sie oben angeführt sind und wie sie sich alltäglich in der Gesellschaft wiederholen und dies offenbar solange, bis die Integration Teil des kulturellen Acquis der Gesellschaftskultur ist, i. e. bis die Integration des Dilemmas von demokratischem Rechtsanspruch und kultureller Prädisposition gelöst ist. Und dies ist ein langfristiger Prozess, der immer wieder von den generationenübergreifenden kulturellen Tendenzen torpediert wird und somit der sorgsamen Kontrolle bedürftig ist.

Die Trägheit des Prozesses ist umso erstaunlicher und besorgniserregender, wenn man bedenkt, dass auch anderthalb Jahrtausende christlicher Tradition, deren hohe Wertpriorisierung der Würde des Individuums eine der edelsten Blüten demokratischer Tradition verkörpert und unsere Verfassung beseelt, diesen Prozess nicht zu beschleunigen und das eindimensionale Macht-Einprinzip nicht in der konkreten Alltagspraxis integrativ - mit Ausnahme einiger gelungener Dilemmaintegrationen - zu relativieren vermögen.

Ebensowenig vermögen die technisch-wissenschaftliche Bildung und gar Elitenbildung oder die totale globale medienbasierte Aufklärung zwangsläufig das Macht-Einprinzip durch das christlich-demokratische Prinzip zu integrieren. Dergestalt ist die Macht des monistischen Machtprinzips. Bertrand Russel nennt es die determinierende Basiseinheit der Gesellschaft, ebenso wie die determinierende Einheit der Physik die Energie ist. Doch geht nicht insbesondere ein nicht säkularisiertes Bewusstsein eben über die monistische Machtdeterminante der menschlichen Gesellschaft hinaus, wie anfällig für Reversibilität es auch sein mag, wie wir es in der Gegenwartsgesellschaft im sozioökonomischen Bereich und zu anderen Zeiten in der Politik beobachten können. Ist die Demokratie nicht wie ein Garten mit edlen Blüten menschlicher Kultur, der der beständigen Pflege und des Schutzes vor Parasiten – jenen der Macht und ihrer verderblichen Spielarten – bedarf.

Die Synergieformel aus Macht und Demokratie könnte

WEHRHAFTE DEMOKRATIE

lauten, eine Formel, die beide menschlichen Tendenzen zu seinem und der Gesellschaft Vorteil insgesamt integriert.

Die wehrhafte Demokratie bedient sich der Sanktion als Abschreckung gegen den Missbrauch ihrer selbst. Ansonsten wäre sie ein zahnloser Tiger, der menschlicher Willkür, dem in ihm auch tendenziell vorhandenen Bösen, ausgeliefert ist. Als Institutionalisierung des Guten, das die altgriechischen Tugenden des Guten, Schönen und Wahren, in deren Wiege die Demokratie entstand und die durch die zeitlosen christlichen Werte und Kardinaltugenden veredelt wurde, insbesondere jenes der Unantastbarkeit der Würde des Individuum, bedarf sie der Überwachung gegen die Korrumpierung durch den Feind dieses Aquis unserer jüdisch-griechisch-christlich-römischen Tradition.

Denn die Freiheit, die in der Demokratie begründet ist, kann gegen sie selbst negativ und sie dadurch unterminierend und korrumpierend ins Feld geführt werden, um sie so scheinbar mit ihren eigenen Mitteln zu besiegen. Doch dies beruht auf einer Perversion und einem Missbrauch des Freiheitsbegriffs, der eine verborgene, kompromisslose Machtagenda verfolgt. Aber der Mensch ist über die soziale Freiheit in der Gestalt der Demokratie hinaus noch zu einer wesenhaften Freiheit berufen, die das Soziokulturelle transzediert und die vor den Schlichen des Bösen zunächst geistig und da er auch eine soziales und materielles Wesen hat, seinen individuellen und sozialen Organismus mit den legitimen Machtmitteln schützt.

Wenn nun die zum Schutz der freiheitlich demokratischen Integrität der Bürger Berufenen selbst aus Bequemlichkeit mehr oder weniger bewusst perverse Agenden verfolgen, dann wird der Bock zum Gärtner gemacht und der Garten des menschlichen Kultur- und Zivilisationsaquis, inklusive der tradierten religiösen Werte, verwüstet. Dann kommt es zu einer sozialen Diskontinuität, wie es im Faschismus geschehen ist, in dem die Hüter der öffentlichen Ordnung durch ihr Laisser-faire zu Komplizen des autoritären, die Integrität von Gesellschaften und Individuen korrumpierenden Machtprinzips, wurden. Die Terroristen wollten Vergeltung ex post, über die Gräber der faschistischen Akteure hinaus und soweit ihr Geist noch vorhanden schien. Doch sie wählten nicht die Mittel der Versöhnung und der Integration, die dem höher entwickelten sozialpsychologischen Prinzip entsprechen, sondern das ältere Prinzip des Aug' um Aug', Zahn um Zahn, in der Hoffnung auf eine Katharsis und Läuterung ihrer Gesellschaft und ihrer selbst .

Heute, so stellt man fest, kann man in Teilen der Bundesrepublik eine erneute Wiederbelebung des autoritären Prinzips seitens der Ordnungshüter (und anderer Kräfte) beobachten, die aus Bequemlichkeit und mangelnder Kenntnis, wie auch Erkenntnis den roten Faden des Laisser-faire demokratiekorrumpierender Agenden wiederaufnehmen und das Werk der Autoren unserer Konstitution, das sie ohnehin nie verinnerlicht haben, zerstören. Der rote Faden zieht sich weiter durch die Geschichte dieses Landes. Quo usque tandem? Wo ist die wehrhafte Demokratie, die sich hier gegen ihren eigenen Missbrauch durch ihre an sich zu ihrem Erhalt Berufenen und Bezahlten schützt. Wer sanktioniert sie und ihren Missbrauch der Demokratie für ihre dubiösen Agenden der Ignoranz und des Bösen, das sich mit dem Bösen, das heißt, mit Tätern und Verursachern, gegen die Interessen der ihrem Schutz Befohlenen solidarisiert. Denn sie vertreten der ersteren Interessen und Agenden, statt jene des demokratischen Organismus, der somit der zersetzenden Willkür des Demokratiemissbrauchs ausgeliefert ist. Aufgrund des Gawaltmonopols der Ordnungsbehörden werden sie von Garanten des demokratischen Rechts zu dessen Zerstörern. Es ist eine Geschichte ohne Ende in diesem Land, die der internationalen Überwachung und Kontrolle einer unreifen Demokratie durch die Alliierten bedarf. Mit anderen Worten: Zwar ist der heiße Krieg seit nunmehr mehr als einem halben Jahrhundert beendet, doch der Kulturkampf ist beileibe noch nicht beendet. Und auch hier bedarf es offenbar nach wie vor noch der Intervention fremdkultureller Kräfte, um das nationalkulturelle Dilemma zu integrieren.

Im historisch-psychologischen Spannungsfeld von Krieg und soziokulturellem Frieden im Kontext der Migration aus dominant autoritären Kulturen entsteht eine geistig kulturelle Verwirrung in diesem Land. Nach außen müssen sich die Ordnungshüter im Rampenlicht der internationalen Öffentlichkeit verprügeln lassen, um das demokratische Sonntagsgesicht vor der Welt aufrechtzuerhalten, andererseits kanalisieren sie ihren autoritären Frust auf Schwächere, die nicht der öffentlichen internationalen Kontrolle exponiert sind. Es entspricht den Erkenntnissen der Erforschung der autoritären Persönlichkeit seit vor dem zweiten Weltkrieg.

Die deutsche Kultur ist verwirrt, da sie keine konsolidierte eigene Wurzeln hat. Auf die Mühle der eigenkulturellen Nichtintegration werden nun die autoritären Migrationskulturen ausgegossen, die das reprimierte eigenkulturelle, autoritäre Bewusstsein, faszinieren und beflügeln. Seine Akteure solidarisieren sich somit gegen die demokratischen Oberflächenrechte der Bürger mit dem autoritären Bewusstsein der Migranten, mit dem sie sympathisieren. Es spricht ihnen aus der Seele und realisiert ihre tiefsten Bedürfnisse nach machtbasierter Autorität ohne Einspruch und Widerspruch. Eine Affinität zwischen Kolonisierern und kulturellen Kollaborateuren entsteht, die die schwache demokratische Oberflächentradition unterminiert. Es ist ein Spiel der kulturellen Allianzen, indem nicht die politische, sondern die kulturelle Zugehörigkeit das Zünglein an der Waage der Gerechtigkeit bildet.

Migranten kennen insgeheim die deutsche autoritäre Veranlagung und wissen implizit, aufgrund ihrer Jahrhunderte alten autoritären abstammungskulturellen Traditionen, wie man diesen Sacherhalt der kulturellen Verwundbarkeit zu seinen Gunsten nutzen kann, wie z. B. durch einschmeichele und Gesicht gebende Verhaltensweisen, bis die Autoritäten hierzulande ihnen die Füße küssen und sich mit ihrem Gewaltmonopol gegen die demokratischen Rechte der Nationalkultur positionieren und somit jegliches Demokratieverständnis über Bord werfen, obschon sie in anderer Hinsicht Migranten gegenüber kritisch sein mögen.

Die Spielarten sind komplex und können als ein variables Spiel von Allianzen beschrieben werden, wobei die Kulturvariable die rechtliche und politische bestimmt. Sicher wird hier nur ein signifikantes Pattern herausgegriffen, das der gesamten Realität des Spiels mit seinen verworrenen und verwirrenden Abläufen nur unvollständig gerecht wird. Aber es erklärt einen kulturell basierten, sozialen Determinismus oder zumindest eine Tendenz, die die Nichtintegration des hier diskutierten Dilemmas fördert.

Wie man die autoritären Kulturmitglieder aber steuern kann, dieses aktive, bewusste Wissen ist hierzulande aber nicht mehr vorhanden, wohl aber die latente unterbewusste Manipulierbarkeit durch autoritätsbewusste, Jahrhunderte lang eingeübte, fremdkulturelle Erfahrung. Die Demokratie bleibt dabei auf der Strecke.

Kein Wunder, dass die rationale Nichtbeherrschung dieses Spieles angesichts der irgendwann bewusstwerdenden Manipulierbarkeit und des Ausgeliefertsein zu ethnozentrischen Zerstörungsreaktionen führt und den kulturell das Unterbewusstsein Beherrschenden auslöschen möchte. Dies ist ein weiteres Pattern und Drehung des kulturellen Mühlrads nach einer ersten Faszination.

All diese Prozesse können durch Aufklärung kulturell, ethischer und demokratischer Art und die Bewusstmachung der autoritären kulturellen Patterns und der damit einhegenden Beherrschung dieser kulturellen Sprache unterbunden werden. Darin besteht bewusste und geistig wie realpolitisch wehrhafte Demokratie, im Gegensatz zu einem demokratisch getünchten Grab des Autoritarismus.

Im intrakulturellen interkulturellen Kontext kann die Integration des demokratisch autoritären Dilemmas in der Synergieformel eines wohlwollenden Paternalismus bestehen, der die ingroup Bedürfnisse der Inklusion in die Ziel- oder Gastlandkultur und die kulturelle Konditionierung, sowie auch die Berufung eines jeden Mischen zu Kultur transzendierender Freiheit berücksichtigt. Wenn somit die kulturellen und die kulturtranszendierenden Bedürfnisse der Individuen und der Kulturgruppen, deren Mitglieder sie sind, gleichermaßen respektiere werden, dann werden sie sich williger mit den kulturellen Normen der Gastlandkultur solidarisieren. Dieser Weg führt zu einem Ende des impliziten Kulturkampfes zwischen Migranten und der

Nationalkultur, der sich somit nicht zyklisch in diversen Formen zu entladen braucht. Auf diese Weise haben wir ihren Kolonisierungsversuch kulturbewusst gekontert und mit ihnen zusammen, im Interesse der nationalkulturellen Integration, genutzt und somit den latenten kulturellen Zündstoff, der hin und wieder die Form einer Bombe annehmen könnte, entschärft. Mehr noch, denn darüber hinaus haben wir sie von kulturellen Feinden zu kulturellen Alliierten gemacht, die unsere kulturellen Bedürfnisse mit vorauseilender Fügsamkeit gehorsam erfüllen.

Ein derartiger patriarchalischer intrakultureller interkultureller Managementansatz der Moderne ist auch vor dem Hintergrund einer „vaterlosen Gesellschaft" unter Bezugnahme auf die christliche Tradition eines Vaters aller, ohne Überforderung der Menschen, realisierbar. In diesem Sinne ist diese unsere Kultur mit den Migrantenkulturen verwoben. Somit kann ein echtes integratives kulturelles Gewebe entstehen, das nicht beim ersten Anflug eines Windhauchs zerreißt und auf unverbrüchlichen geistigen Fels, statt auf den unsteten Sand des Opportunismus gebaut, auch vor größeren Stürmen, die die Zeit mit sich bringen kann, gefeit ist. Somit kann ein bahnbrechender geistiger, kultureller, echter demokratischer Wandel eingeleitet, aus einer Not eine Tugend, aus einer gesellschaftlichen Verbindlichkeit echtes strategisches Kapital, aus potentiellen Schwertern des Fundamentalismus und anderer Ideologien eine den kulturell-geistigen Humus urbar- und fruchtbar machende Pflugschar menschlicher Kreativität in jeder Hinsicht entstehen.

„…Der Machbegriff ist im Bereich der Sozialwissenschaften ebenso fundamental, wie es der Begriff der Energie im Bereich der Physik ist…"

Aus „Macht" von Bertrand Russel

(Philosoph und Mathematiker)

3

Das Schwinden des demokratischen Bewusstseins

Das Grundgesetz, das sich das deutsche Volk, in der Hoffnung auf die Vollendung seiner demokratischen Prinzipien in einem homogenen gesamtdeutschen nationalen Rechtsraum, im Anschluss and die undemokratische Erfahrung des Naziregimes gegeben hat, ist, in Anlehnung an das westliche Demokratieverständnis, seiner Natur nach uneingeschränkt universalistisch geprägt und somit als gleiches Recht für alle ohne Ausnahme, ohne Rücksicht auf individuelle, institutionelle, regional-, lokalkulturelle und organisationale Besonderheiten, für jedermann im Rechtsraum des Grundgesetzes gültig; nicht nur in der Theorie, sondern der Geist dieses Rechtsverständnisses sollte darüber hinaus auch durchgesetzt werden. Andernfalls hätten die Väter oder die Verfasser dieses Grundgesetzes nur Stroh gedroschen und wären lediglich eine klingende Schelle zur Befriedung der demokratischen Erwartungen der Alliierten und ihres Umerziehungsprogramms von einer undemokratischen, in hohem Maße autoritären, partikularistischen Gesellschaft zu einer egalitären, universalistischen demokratischen Gesellschaftsform, während sie womöglich insgeheim annehmen, dass eine derartige Gesellschaft kulturell in diesem Land und bei diesem Volk ohnehin nicht realisierbar und durchsetzbar ist. Sie hätten also nur gewissermaßen situativ bedingt ihr soziokulturelles Sonntagsgesicht aufgesetzt. In autoritären Kulturen ist es nicht ungewöhnlich, dass man auf strategischer Ebene hehre Prinzipien formuliert, die aber im Grunde nur Absichtserklärungen sind. Die älteren Demokratien des Westens sind dagegen stolz auf die nahtlose Kontinuität ihrer Verfassung und der Kohärenz mit der Rechtspraxis in ihrem Geltungsbereich und dies bis in die konkrete Alltagsgegenwart hinein. Und dieser realpolitisch und realrechtlich bedingte Nationalstolz sollte auch hier eine tragende Säule nationaler Identität und extremistischer Staatsgefährdungsprophylaxe werden. Es ist ein legitimer, sinnvoller und sinnstiftender Anspruch im langfristigen Interesse des Gemeinwohls.

Denn vieles spricht in der Tat für eine autoritär-partikularistische Kontinuität über Zeiten und Regionen hinweg, die bis zum heutigen Tag unausrottbar zu sein scheint. Formale Rechte lassen sich nach Gutdünken formulieren, während die Nationalkultur jedoch in eine ganz andere Richtung tendiert. Die demonstrative, vermeintlich demokratische Praxis bleibt häufig nur von der Wertigkeit eines getünchten Grabes, dessen Oberflächenrestauration die tote Demokratie aber auch nicht zum Leben erwecken kann. Im Gegenteil, symbolische Akte, die den guten demokratischen Deutschen glaubhaft machen wollen, werden dadurch nur noch grotesker und durchschaubarer in ihrer Inauthentizität. Symbolische Akte, wie den Juden gegenüber oder das jüngste regelrechte gesellschaftliche Lynchen eines amtierenden Präsidenten geraten zur Farce. Sie sind partikularistisch motivierte Inszenierungen einer Rechts- und Gesellschaftskultur à l'américaine. Imitate anderer Kulturen, wie so vieles und daher substanzlos und korrupt. Diese Worte basieren keineswegs auf der Ablehnung dieser Gesellschaft und Rechtskultur an sich, sondern vielmehr auf Betroffenheit. Das Dictum schöne Worte sind nicht wahr und wahre Worte sind nicht schön trifft auch hier zu.

Unter der Oberfläche befindet sich weiterhin eine autoritäre, partikularistische kulturelle Grundströmung, die die Grundrechte diverser Akteure in dem angenommen einheitlichen, universalistischen Rechtsraum bisweilen ignoriert. Dies trifft auf den Staat, die Institutionen und Organisationen gleichermaßen zu.

Ausländische Kommentatoren haben schon zu der Zeit der Terrorismus bedingten Notstandsgesetze darauf hingewiesen, dass das damit einhergehende Rechtsverständnis eher die Grundrechte des Staates, als die im Grundgesetz verankerten Grundrechte der Bürger schützen würde.

Es gibt eine berühmte amerikanische Karikatur bei der Karikaturist Hitler als einen Hampelmann darstellte, der vom wirtschaftlichen Establishment manipuliert wird. Betrachtet man die Großprojekte der Wirtschaft, wie zum Beispiel das gewissermaßen aus Gründen der Diskrektion hier nicht neu aufgekochte Daimler Großprojekt einer Teststrecke in Nordbaden, sowie das Projekt Stuttgart 21 der Deutschen Bahn, die das Establishment formal demokratischer aber nicht essentiell wertedemokratischer politsicher Kreise sanktioniert und gefördert, ja selbst mit durchgesetzt hat, so drängt sich in der Tat die Vermutung einer Kontinuität des historischen undemokratischen partikularistischen Syndrom auf. Und die menschlich und sachlich fragwürdigeren Modalitäten der vernetzten Macht und Gewalt basierten Durchsetzung dieser Projekte der Business- und der konservativen Akteure ist nicht nur undemokratisch, sondern darüber hinaus eine Form partikularistischer Autorität, auf Verlockung und Täuschung basierend und somit Demagogie und menschliche und materielle Kollateralschäden verursachend, wie in der Zeit, auf die sich das US Cartoon bezieht. Sie haben durch ihre zunächst undemokratisch autoritär durchgesetzten und im Nachhinein scheinbar demokratisch und zweckrational legitimierten Ziele das Erscheinungsbild eines getünchten Grabes in dem die Demokratie mehr oder weniger bestattet wurde. Aber die Demokratie möchte leben und deshalb gärt es jeweils weiter, wenn die Menschen sich getäuscht und bevormundet und ohne demokratische Alternative sehen.

Das politische Milieu, das kraft seiner vielfältigen Machtressourcen zusammen mit dem Wirtschaftsestablishment, mit seinen gleichermaßen großen Ressourcen eine Politik scheinbar formaldemokratisch durchsetzen konnte, vermittelt ein Bild, das bei weitem nicht identisch mit dem tatsächlichen Willen des Volkes zu sein scheint. Die Macht besitzenden Akteure haben die Demokratie lediglich benutzt und gewissermaßen beschmutzt, da sie das autoritäre kulturelle Syndrom nutzen, das die gutgläubige Unterordnung weiter Teile des Volkes schamlos ausnutzte. Und wenn dies nur die sichtbare Spitze eines Eisberges ist, wie sieht es dann mit der unsichtbaren Masse aus?

Wenn dieses partikularistische Demokratieverständnis sich in diesen symbolischen Projekten erschöpfen würde und man würde in der politischen Alltagserfahrung das universalistische demokratische Prinzip zivilisierter Nationen gewahrt sehen, so könnte der Bürger noch ein Auge zudrücken, weil er in seinem persönlichen konkreten Alltag die Erfahrung eines solidarischen, berechenbaren und vertrauenswürdigen Systems macht. Doch wenn nach der nationalen und der organisationalen Ebene auch noch das universalistisch getragene individuelle Vertrauen in die Demokratie ausgehöhlt wird, dann hat diese Demokratie nur noch eine fragwürdige Legitimation, wenn man die Maßstäbe der Gründerväter dieser unser aller Republik und der Verfasser des Grundgesetzes anlegt, wo die Grundrechte, Unantastbarkeit der Würde und Integrität aller Akteure des nationalen Rechtraums und Geltungsbereichs des Grundgesetzes, obschon erst ein Jahrzehnt später durch das Verfassungsgericht detailliert, nicht zuletzt auch in Anbetracht konträrer historischer Erfahrung, hohe Priorität haben. Wenn diese Hoffnung auf der Ebene der Alltagserfahrung der Bürger auch noch schwinden würde, dann könnte man aufgrund der Evidenz auf diesen drei Gesellschaftssystemebenen von dem Grundgesetz und seiner Durchsetzung insgesamt als einem politischen Täuschungsversuch der Welt, innen- und außenpolitisch, sprechen, der lediglich aus dem situativen Kontext nationaler Reue und Schwäche erwachsen ist und keinerlei Bezug zum praktizierten Recht hat, das nach wie vor auf einer autoritären, partikularistischen und undemokratischen Kultur und Rechtsauffassung gründet. Es würde sich daher keineswegs um schlechtes Deutschtum oder das Suchen nach einem Haar in der Suppe handeln, um diese Rechtskultur zu delegitimieren. Die Strippe, an der Hitler vom wirtschaftlichen Establishment in der erwähnten Karikatur manipuliert wurde dagegen, konnte der Demokratie aber den Todesstoß versetzen. Und wir konnten zumindest den Versuch der Herstellung einer Kontinuität in Anlehnung an diese diagnostische Symbolik und somit auch der Gefahr für die Demokratie nachweisen.

Um die individuelle Ebene des undemokratischen Partikularismus zu dokumentieren möchte ich auf einen früher geschriebenen Aufsatz zurückgreifen, der die Entsolidarisierung der Staatsorgane mit den Bürgern im Alltag, auf persönlicher Erfahrung basierend, dokumentiert, der aber aufgrund der Dezenz noch gravierendere und belastendere Evidenz der Staatsorgane zurückhält.

Weder die konstitutionelle Verankerung noch der Versuch der Durchsetzung der Demokratie im Wege der Umerziehung können etwas Substanzielles gegen die überzeitlich vorherrschenden Grundwerte ausrichten und werden solange ein getünchtes Grab darstellen, wie der kulturelle Wandel zu einer universalistischen Demokratie nicht vollzogen ist, insbesondere wenn die staatlichen Ordnungsorgane diesbezüglich ein negatives, statt eine positives Demokratieverständnis in ihrer Alltagspraxis an den Tag legen. Schließloch geht man davon aus, dass sich der kulturelle Wertewandel fraktal, das heißt, beginnend mit den Amts- und Würdeträgern einer Gesellschaft in dieser selbstähnlich repliziert. Das heißt, dass das nachhaltige Management des Wandels eben genau von den maßgeblichen Akteuren auf den drei Ebenen, i. e. des Staates, der Organisationen und Institutionen, sowie der lokalen Rechts- und Ordnungsorgane initiiert werden müsste. Mit demselben Modell des Managements des Wandels kann man aber ebenso demokratischen, wie undemokratischen Wertewandel herbeiführen.